# Schwarzwälder Kirschtorte

## In vier Variationen

Käflein · Gmeiner · Hobuss

# Die Geschichte der Schwarzwälder Kirschtorte

Einer Sage nach verdankt die Schwarzwälder Kirschtorte ihren Namen der Tracht der Schwarzwaldmädel. Das Kleid ist schwarz wie die Schokoladenraspeln, die Bluse weiß wie die Sahne und die roten Kugeln auf dem Bollenhut muten an wie die Kirschen auf der Torte.

Die Schwarzwälder sind sich einig, dass die Ursprünge der „Königin der Torten" in ihrer Heimat zu finden sind. Die von jeher reiche Kirschernte an den Südhängen des Schwarzwaldes und das berühmte Schwarzwälder Kirschwasser sprechen dafür.
Bereits im 19. Jahrhundert verwöhnten die Schwarzwälder Bäuerinnen ihre Gäste mit einem köstlichen Kirsch-Dessert: Sie kochten ein fruchtiges Kompott aus süßen und sauren Kirschen und verfeinerten es zu besonderen Anlässen mit Schwarzwälder Kirschwasser. Dazu gab es reichlich frisch geschlagenen Rahm.
Es ist anzunehmen, dass die wohl bekannteste deutsche Kuchenspezialität weitverzweigte Wurzeln hat, die bis in die Schweiz reichen. Lange vor der ersten Erwähnung der Schwarzwälder Kirschtorte zierte dort die Schwarzwaldtorte, als einfachere Variante aus Biskuit, Nüssen und Kirschen gebacken, den sonntäglichen Kaffeetisch.

Wo und wann die Erfolgsgeschichte der Schwarzwälder Kirschtorte wirklich begann, weiß niemand genau.
Als Urvater der Schwarzwälder Kirschtorte galt lange Zeit der 1887 in Riedlingen an der Donau geborene Josef Keller. Nach eigenem Bekunden will er bereits um 1916 im Bad Godesberger Prominentencafé Agner den Vorläufer der Torte erfunden haben: Eine Kreation aus Mürbeteig und Wiener Boden mit einer Kombination aus Kirschen, mit Kirschwasser aromatisierter Sahne und Schokolade. Diese Schöpfung entwickelte er in der eigenen Konditorei in Radolfzell am Bodensee weiter und beglückte fortan seine Gäste mit dem duftenden Sahnetraum. Das lange als Familiengeheimnis gehütete „Originalrezept" schrieb er erst 1927/28 nieder.

Oder war vielleicht alles doch ganz anders?
Die Umfrage einer Konditorenfachzeitschrift im Jahre 1975 lenkte die Aufmerksamkeit auf einen weiteren möglichen Urheber der Tortenlegende. Der experimentierfreudige Konditor Erwin Hildenbrand arbeitete nach seiner Lehre in den 1920er Jahren einige Zeit in den Schwarzwaldorten Furtwangen und Freudenstadt. Vermutlich hat schon dort das unvergleichliche Schwarzwälder Kirschwasser seine Fantasie beflügelt. In der Konditorei Walz in Tübingen schuf er 1930 seine erste Schwarzwälder Kirschtorte, sehr zur Freude seines Chefs, der die Torte überaus wohlschmeckend fand und sie sofort seinen begeisterten Kunden anbot.

Auch die aktuellen Recherchen des Tübinger Stadtarchivars Udo Rauch klären die Frage nicht zweifelsfrei. Fest steht, dass die Schwarzwälder Kirschtorte 1934 erstmals urkundlich erwähnt wurde. Im Fachbuch „250 Konditorei-Spezialitäten, und wie sie entstehen" widmete J.M. Erich Weber aus Dresden der Torte und ihrer Zubereitung eine ganze Seite.

Die Karriere der Schwarzwälder Kirschtorte begann gemächlich. 1949 belegte sie gerade einmal Platz 13 im Ranking der beliebtesten Konditoreiprodukte Deutschlands. Aber der wirtschaftliche Aufschwung und der sich rasant entwickelnde Tourismus im Schwarzwald setzten den Siegeszug der beliebten Torte in Gang. Internationale Gäste ließen sich von der „Göttin in weiß-rot-schwarz" verzaubern. Es gibt heute kaum ein Land, in dem die Schwarzwälder Kirschtorte nicht in den Auslagen der Konditoreien oder in den Tiefkühltruhen der Supermärkte zu finden ist.

Welches Geheimnis verbirgt sich hinter der Tatsache, dass Männer und Frauen, Jung und Alt gleichgültig ihrer Kultur und traditionellen Essgewohnheiten, sich immer wieder aufs Neue für diese einzigartige Komposition von Schokolade, Sahne und Kirschen begeistern können? Das besondere Zusammenspiel von Form, Farbe, Geschmack, Konsistenz und Duft einer exzellent zubereiteten Schwarzwälder Kirschtorte weckt Sinnlichkeit und Genussfreude.

Natürlich ist Torte nicht gleich Torte. Es gibt zahlreiche Rezeptvariationen. Die Qualität der Zutaten und deren Mischung, aber auch individuelle Vorlieben machen den Unterschied aus. Wird der Biskuit oder die Wiener Masse mit gemahlenen Nüssen zubereitet? Wenn ja mit welchen? Werden die Kirschen nur eingelegt oder abgebunden? Wie viel Kirschwasser gehört in die Torte? In welcher Schicht entwickelt es das beste Aroma – in der Sahne, in den Kirschen oder im Biskuit? Braucht die Schwarzwälder Kirschtorte einen hauchdünnen Boden aus feinem Mürbeteig? Welche Verzierung ist die Schönste, welche die Traditionellste? Fragen über Fragen, auf die es viele unterschiedliche Antworten gibt. Tatsache ist, dass frische Eier und Sahne, feste wohlschmeckende Kirschen, bestes Schwarzwälder Kirschwasser und feine dunkle Schokolade unverzichtbar für jede Rezeptvariante sind.

Die vier in diesem Buch beschriebenen Rezepte sind von der Confiserie Gmeiner aus der Ortenau am Rande des Schwarzwaldes. Seit über 100 Jahren werden dort von Meisterhand in bester Qualität köstliche Confiserie-Produkte geschaffen.
Die Herstellung der Tortenvariationen werden verständlich erklärt, zahlreiche Step-by-Step Bilder tragen zum guten Gelingen bei. So können auch ungeübte Hobbybäcker mit viel Freude und ein wenig handwerklichem Geschick eine echte Schwarzwälder Kirschtorte backen.

# Die klassische
# Schwarzwälder Kirschtorte

# Die klassische Schwarzwälder Kirschtorte

**Dunkler Biskuit**
6 Eier
250 g Zucker
1 Prise Salz
1 Prise Vanillezucker
5 g Zitronensaft
etwas Zitronenabrieb
170 g Mehl
25 g Stärkemehl
40 g Kakao
60 g Butter

**Kirschwassersahne**
1200 g Sahne
15 g Gelatinepulver
45 g Zucker
120 g Kirschwasser

**Eingelegte Kirschen**
350 g Sauerkirschen
50 g Kirschwasser

Die Eier, den Zucker und die Gewürze in eine große Schüssel geben und aufschlagen. Die Eier-Zuckermischung über dem Wasserbad unter ständigem Rühren auf 55° C erhitzen. Den Eischaum danach in einer Küchenmaschine oder mit dem Handmixer wieder kalt schlagen. Die Butter schmelzen. Das Mehl, das Stärkemehl und den Kakao in einer Schüssel mischen. Das Mehlgemisch vorsichtig unter die abgekühlte Eimasse heben. Die geschmolzene Butter in einem dünnen Strahl einlaufen lassen und vorsichtig unterheben. Die Backform bzw. das Backblech mit Backpapier auslegen und den Ring daraufsetzen. Die Biskuitmasse einfüllen und im vorgeheizten Ofen backen. Den ausgekühlten Biskuit aus dem Ring bzw. der Form lösen und völlig erkalten lassen. Mit einem langen Messer den Biskuit in drei gleich dicke Böden schneiden.

Die Sahne in mehreren kleinen Portionen cremig schlagen und in eine große Schüssel geben. Gelatinepulver, Zucker und Kirschwasser in einen Topf geben und ca. 10 Minuten quellen lassen. Unter Rühren die Mischung sanft erhitzen, bis sich die Gelatine vollkommen gelöst hat. Vom Herd nehmen und ein bis zwei Esslöffel von der geschlagenen Sahne dazugeben und verrühren. Das Gelatine-Kirschwasser-Sahnegemisch vorsichtig unter die restliche Sahne heben.

Die Kirschen gut abtropfen lassen, mit dem Kirschwasser mischen und mindestens 12 Stunden ziehen lassen.

**Kirschwassertränke**
80 g Saft-Kirschwassergemisch

Die eingelegten Kirschen in ein Sieb geben, ausdrücken und den Saft auffangen. Nach Belieben mit etwas Kirschwasser oder Kirschsaft ergänzen.

**Schokoladenspäne**
80 - 100 g Schokolade 70 %

Mit einer langen Palette feine Späne von der Schokolade abziehen. Ersatzweise kann die Schokolade auch gehobelt oder geraspelt werden.

**Zur Verzierung**
14 - 16 Kirschen

Entweder frische oder eingelegte Kirschen.

**Aufbau der Torte**

Den ersten Boden in den vorbereiteten Tortenring legen und mit dem Pinsel einen Teil der Tränke auftragen. Etwa die Hälfte der Kirschwassersahne darauf verstreichen. Die abgetropften Sauerkirschen auf der Sahne verteilen und leicht eindrücken. Nun den zweiten Boden darüber legen und tränken. Die Hälfte der restlichen Sahnemenge einfüllen und glatt streichen. Dann den dritten Boden darauf legen und ebenfalls tränken. Mit etwas Sahne einstreichen und gut kühlen, am besten über Nacht. Die Torte in die gewünschte Stückzahl einteilen und aus dem Ring lösen. Mit einer Sterntülle Sahnerosetten aufdressieren. Auf jedes Stück eine Kirsche legen. Zum Schluss in die Mitte der Torte dunkle Schokoladenspäne aufstreuen.

Backring oder Backform: ø 24 cm
Tortenring: ø 26 cm
Backzeit: 35 - 45 Minuten bei 190° C

1 Die Eier, den Zucker und die Gewürze in eine große Schüssel geben und anschlagen.

2 Die Ei-Zuckermischung über dem Wasserbad unter ständigem Rühren auf 55° C erhitzen.

3 Den Eischaum danach in einer Küchenmaschine oder mit dem Handmixer kalt schlagen.

4 Die Butter schmelzen, aber nicht heiß werden lassen.

5 Mehl, Kakao und Stärkemehl mischen und behutsam unter die abgekühlte Eimasse heben.

6 Die Butter in einem dünnen Strahl einlaufen lassen und vorsichtig unterheben.

7 Das Backblech mit Backpapier auslegen und den Ring daraufsetzen. Die Masse einfüllen und backen.

8 Den ausgekühlten Biskuit aus dem Ring bzw. der Form lösen und völlig erkalten lassen.

9 Mit einem langen Messer den Biskuit in drei gleich dicke Böden schneiden.

Eingelegte Kirschen

Die Kirschen gut abtropfen lassen, mit dem Kirschwasser mischen und mindestens 12 Stunden ziehen lassen.

1 Die Sahne in mehreren kleinen Portionen cremig schlagen und in eine große Schüssel geben.

2 Gelatinepulver, Zucker und Kirschwasser in einen Topf geben und ca. 10 Minuten quellen lassen.

3 Unter Rühren die Mischung sanft erhitzen, bis sich die Gelatine vollkommen gelöst hat.

4 Vom Herd nehmen und ein bis zwei Esslöffel von der geschlagenen Sahne dazugeben und verrühren.

5 Das Gelatine-Kirschwasser-Sahnegemisch vorsichtig unter die restliche Sahne heben.

1 Mit einer langen Palette feine Späne von der Schokolade abziehen.

1 Den ersten Boden in den Tortenring legen und mit Tränke bestreichen.

2 Etwa die Hälfte der Kirschwassersahne darauf geben und gleichmäßig verteilen.

3 Die über Nacht eingelegten Sauerkirschen leicht in die Sahne drücken.

4 Nun den zweiten Boden darauf legen und tränken.

5 Die Hälfte der restlichen Sahnemenge einfüllen und glattstreichen.

6 Den dritten Boden darauf legen und ebenfalls tränken.

7 Mit etwas Sahne bestreichen und am besten über Nacht kühlen.

8 Die Torte in die gewünschte Stückzahl einteilen und aus dem Ring lösen.

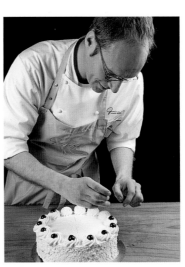

9 Mit einer Sterntülle Sahnerosetten aufdressieren.

10 Auf jedes Tortenstück eine Kirsche legen.

11 In die Mitte der Torte dunkle Schokoladenspäne aufstreuen.

Es ist kaum vorstellbar, dass die Schwarzwälder Kirschtorte ohne das berühmte Schwarzwälder Kirschwasser weltweit zum Inbegriff der deutschen Tortenkultur geworden wäre. Erst das edle Destillat mit dem intensiven Kirscharoma und dem feinen Mandelton macht das süße Stück vollkommen.

Aber Kirschwasser ist nicht gleich Kirschwasser. Die ausschließliche Verwendung von Kirschen aus dem Schwarzwald oder seines nahegelegenen Vorlands sowie der Mindestalkoholgehalt von 40 % vol machen den Edelbrand zum echten „Schwarzwälder Kirschwasser". Seine geografische Herkunftsbezeichnung ist geschützt.

Die Bauern und Landesherren erkannten schon früh den gehaltvollen Wert des „Griesewässerle", wie das Kirschwasser im Alemannischen heißt. Unterstützt vom milden Klima am Oberrhein entwickelte sich zwischen Karlsruhe und Basel, Waldshut und Pforzheim das größte Anbaugebiet für Süß- und Sauerkirschen in der Europäischen Union. Über 800.000 Kirschbäume wachsen hier, hauptsächlich Brennkirschen mit klangvollen Namen wie Dollenseppler, Benjaminler, Wölfensteiner oder Dritte Schwarze.

Die Qualität des Schwarzwälder Kirschwassers wird nicht nur durch die Kirschsorte, den Reifegrad und den Standort bestimmt. Die Sorgfalt beim Pflücken, Vermaischen und Vergären der Früchte ist ebenso wichtig wie das saubere Abtrennen der minderwertigen Vor- und Nachläufe vom eigentlichen Herzstück des Destillats, dem aromareichen Hauptlauf.

Schwarzwälder Kirschtorte
nach Art
der Confiserie Gmeiner

# Schwarzwälder Kirschtorte
# nach Art der Confiserie Gmeiner

**Dunkler Biskuit**

6 Eier
250 g Zucker
1 Prise Salz
1 Prise Vanillezucker
5 g Zitronensaft
etwas Zitronenabrieb
170 g Mehl
25 g Stärkemehl
40 g Kakao
60 g Butter

**Schokoladencreme**

80 g Zucker
30 g Wasser
1 Ei
4 Eigelb
215 g Schokolade 70 %
300 g geschlagene Sahne

**Abgebundene Sauerkirschen**

350 g Sauerkirschen
50 g Kirschsaft
35 g Puddingpulver (Vanille)
175 g Kirschsaft
90 g Zucker
10 g Zitronensaft
1 Prise Zimt

Den Biskuit wie auf den Seiten 8 und 9 Schritt für Schritt beschrieben zubereiten.

Das Ei und die Eigelbe in der Küchenmaschine oder mit dem Handmixer kräftig aufschlagen. Den Zucker und das Wasser einige Minuten kochen, bis die Lösung genau 121° C hat. Mit einem Küchenthermometer lässt sich die Temperatur am besten messen. Die Zuckerlösung in einem dünnen Strahl zwischen Schüsselrand und Rührbesen langsam in die bewegte Eimasse einlaufen lassen und kalt schlagen. Die Schokolade im Wasserbad auflösen. Die flüssige Schokolade nach und nach in die Eimasse geben und behutsam verrühren. Wenn sich eine homogene Masse gebildet hat, die geschlagene Sahne portionsweise unterheben.

Die Sauerkirschen in einem Sieb abtropfen lassen, ausdrücken und den Saft auffangen. Die kleine Menge Kirschsaft mit dem Puddingpulver verrühren. Den restlichen Kirschsaft, Zucker, Zitronensaft und Zimt zum Kochen bringen. Wenn der Saft kocht, die Puddingmischung dazugeben. Die Masse unter Rühren 1-2 Minuten weiterkochen. Vom Herd nehmen und die ausgedrückten Sauerkirschen vorsichtig unterheben.

**Kirschwassertränke**
40 g Kirschwasser
40 g Kirschsaft

Kirschwasser und Kirschsaft mischen und die Tränke mit einem Pinsel auf die Biskuitböden auftragen.

**Kirschwassersahne**
800 g Sahne
9 g Gelatinepulver
30 g Zucker
80 g Kirschwasser

Aus den nebenstehenden Zutaten die Kirschwassersahne wie auf Seite 11 beschrieben zubereiten.

**Aufbau der Torte**

Den ersten Boden in den vorbereiteten Tortenring legen. Die Schokoladencreme in einen Spritzbeutel füllen und in drei Ringen eindressieren. Die abgebundenen Kirschen in die Zwischenräume geben. Den zweiten Boden mit Tränke bestreichen und darauf legen. Etwa 2/3 der Kirschwassersahne einfüllen und glattstreichen. Mit dem dritten Boden belegen und diesen ebenfalls tränken. Mit etwas Kirschwassersahne bestreichen und gut kühlen, am besten über Nacht. Die Torte aus dem Ring lösen und in die gewünschte Stückzahl einteilen. Mit dem Rest der Sahne Rosetten aufdressieren. Auf jedes Stück im Wechsel eine halbe Kirsche und einen Schokoladentannenbaum legen. Abschließend in die Mitte der Torte Schokoladenspäne aufstreuen.

**Die besondere Verzierung**

80 g Schokoladenspäne, 7 Kirschen und 7 Schokoladentannenbäume

1 Die kleine Menge Kirschsaft mit dem Puddingpulver verrühren.

2 Den restlichen Kirschsaft, Zucker, Zitronensaft und Zimt zum Kochen bringen.

3 Wenn der Saft kocht, die Puddingmischung dazugeben.

4 Die Masse unter Rühren etwa 1-2 Minuten weiterkochen.

5 Vom Herd nehmen und die ausgedrückten Sauerkirschen vorsichtig unterheben.

1 Die Eigelbe und das Ei in der Küchenmaschine oder mit dem Handmixer kräftig aufschlagen.

2 Den Zucker und das Wasser einige Minuten kochen, bis die Lösung genau 121° C hat.

3 Die Zuckerlösung in einem dünnen Strahl langsam in die Eimasse laufen lassen und kalt schlagen.

Mit einem Küchenthermometer lässt sich die Temperatur der Zuckerlösung am Besten messen.

Damit sich keine Klumpen bilden ist es wichtig, dass der heiße Zucker beim Rühren direkt in die bewegte Eimasse fließt, ohne den Schüsselrand oder die Rührbesen zu berühren.

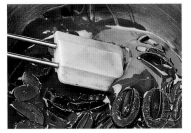

4 Die Schokolade im Wasserbad auflösen.

5 Die Schokolade nach und nach in die Eimasse geben und behutsam verrühren.

6 Hat sich eine homogene Masse gebildet, die geschlagene Sahne portionsweise unterheben.

Fachwerkstadt Schiltach

1 Mit einem Spritzbeutel die Schokoladencreme in drei Ringen auf den ersten Boden aufdressieren.

2 Die abgebundenen Kirschen in die Zwischenräume geben.

3 Wie bei der klassischen Torte die getränkten Böden und die Kirschwassersahne aufschichten.

4 Die gekühlte Torte aus dem Ring lösen, in die gewünschte Stückzahl einteilen und verzieren.

Der Titisee ist einer der schönsten und größten natürlichen Mittelgebirgsseen Deutschlands. Mit einer Fläche von 1,3 km² liegt er eingebettet in das Bergmassiv des Feldberg und des Hochfirst auf 845 m Höhe.

Den Grund des Sees bildet ein Felsental, das während der letzten Eiszeit von den Ausläufern des Feldberggletschers ausgeschürft wurde. Im Durchschnitt ist der See 20 m tief, an einigen Stellen misst er jedoch bis zu 45 m.

Wegen seiner einzigartigen Lage und seiner besonderen Farbe, die je nach Wetter und Jahreszeit von Dunkelgrün bis Tiefblau oder in ergründliches Schwarz wechselt, ranken sich viele Sagen und Geschichten um den Titisee. Etwa dass der römische Feldherr Titus für seinen Namen Pate stand. Erstmals urkundlich erwähnt wurde der „Titinsee" im Jahr 1050 im Zusammenhang mit dem Kloster Allerheiligen in Schaffhausen, als Titisee ist er seit 1750 bekannt und beliebt.

Abgesehen von der belebten Uferpromenade des gleichnamigen Ortes Titisee an der Nordseite sind seine Ufer kaum bebaut. Zahlreiche Fischarten tummeln sich in dem unter Naturschutz stehenden Trinkwassersee. Da Motorboote auf dem Titisee nicht erlaubt sind, kann man in Ruhe schwimmen, segeln oder mit dem Tretboot fahren.

Triberger Wasserfälle

Die Triberger Wasserfälle stürzen mit insgesamt 163 m Fallhöhe über mächtige Granitstufen in einen bewaldeten Talkessel. Die gewaltigen Wassermassen der Gutach bieten ein beeindruckendes Naturschauspiel.

Mit 1.493 m ist der Feldberg der höchste Berg in Baden-Württemberg. Bei klaren Wetterlagen bietet er eine grandiose Aussicht auf die Alpen im Süden, die Vogesen im Westen und die Hornisgrinde im Norden. Etwas entfernt vom eigentlichen Gipfel mit der Wetterstation befindet sich auf dem Seebuck der Bismarckturm, ein Denkmal zu Ehren des ersten deutschen Reichskanzlers.

# Schwarzwald-Nusstorte

# Schwarzwald-Nusstorte

**Mürbeteig**
170 g Mehl
60 g Puderzucker
20 g Mandeln, fein gemahlen
1 Prise Salz
1 Prise Vanillezucker
100 g Butter
1 Ei

Die gut gekühlten Zutaten abwiegen und bereitstellen. Das Mehl auf die Arbeitsfläche sieben. Puderzucker, Mandeln und Gewürze darübergeben und mit dem Löffel eine Mulde eindrücken.
Das Ei aufschlagen und in die Mulde gleiten lassen. Die Butter in kleine Stücke schneiden und über den Zutaten verteilen.
Mit einem langen Messer alles durchhacken. Mit möglichst kühlen Händen die Brösel zügig zusammenkneten.
Aus dem Teig eine Kugel formen, in Frischhaltefolie einschlagen und mindestens 1 Stunde kühlen. Zur Weiterverarbeitung den Mürbeteig auf der bemehlten Arbeitsfläche dünn ausrollen, die gefettete Kuchenform damit auslegen und erneut kaltstellen.

**Nuss-Kirschmasse**
150 g Butter
90 g Zucker
1 Prise Salz
1 Prise Zimt
65 g Marzipanrohmasse
4 Eigelb
4 Eiweiß
100 g Zucker
1 Prise Salz
110 g Mehl
90 g Haselnüsse, fein gemahlen
60 g Walnüsse, fein gemahlen
350 g Sauerkirschen, abgetropft

Die weiche Butter mit dem Zucker und den Gewürzen leicht schaumig aufschlagen. Das Marzipan und die Eigelbe mit einer Gabel gut verkneten und kurz aufschlagen, damit in der Masse keine Klumpen entstehen. Anschließend nach und nach in die Buttermasse geben.
In einer zweiten Rührschüssel das Eiweiß mit dem Zucker cremig aufschlagen. Wenn der Eiweißschaum fest ist, einen Teil davon unter die Butter-Eiermasse heben. Dann das gesamte Eiweiß unterarbeiten, bis eine homogene Masse entstanden ist. Das Mehl und die Nüsse mischen und vorsichtig unter die Masse heben. Etwa 1/3 der Nussmasse auf den Mürbeteig geben und gleichmäßig verteilen. Nun die Kirschen darauf streuen und die restliche Masse gleichmäßig darüber streichen. Den Kuchen im vorgeheizten Ofen bei 180° C ca. 60 Minuten backen. Den Kuchen aus der Form nehmen und vollkommen auskühlen lassen.

Backform: konische Form oder Springform, ø 26 cm
Backzeit: ca. 50 - 60 Minuten bei 180° C

**Belag**
40 g Kirschsaft
20 g Schwarzwälder Kirschwasser

800 g Sahne
9 g Gelatinepulver
30 g Zucker
80 g Kirschwasser

100 g Schokoladenspäne

Den Kirschsaft und das Kirschwasser mischen. Die Tränke mit einem Pinsel auf den völlig ausgekühlten Kuchen auftragen.

Die Kirschwassersahne aus den nebenstehenden Zutaten wie auf Seite 11 beschrieben zubereiten. Die Sahne kuppelförmig auf dem Kuchen verteilen und mit einem langen Messer glatt streichen.

Zum Schluss die Schwarzwald-Nusstorte mit Schokoladenspänen ausgarnieren.

1 Den ausgekühlten Kuchen mit der Tränke bestreichen.

2 Die Kirschwassersahne kuppel-förmig auf dem Kuchen verteilen.

3 Die Schwarzwald-Nusstorte mit Schokoladenspänen ausgarnieren.

Feldsee

Klosterkirche St. Peter

Der Schäppel ist im Mittel- und Südschwarzwald eines der wertvollsten Bestandteile der Tracht.

Der filigrane Kopfschmuck besteht aus einem Drahtgestell, das mit bis zu 3.000 bunten Glasperlen, Silberplättchen, Spiegeln und Glaskugeln verziert wird. Größe und Form der kostbaren Brautkronen unterscheiden sich von Ort zu Ort.

Die Mädchen und jungen Frauen tragen die Schäppel nur zu besonders hohen Festtagen.

Der rote Bollenhut gilt in aller Welt als Wahrzeichen des Schwarzwaldes und das, obwohl er nur in den drei Schwarzwaldgemeinden, Gutach, Kirnbach und Reichenbach zur traditionellen Festtagstracht gehört. Nach altem Brauch tragen ihn die unverheirateten Mädchen erstmals zur Konfirmation. Nach der Hochzeit sind die Hüte der Frauen mit schwarzen Bollen geschmückt.

Ein echter Bollenhut wird noch immer in mühevoller Handarbeit hergestellt. Aus unzähligen Wollfäden werden 14 Bollen gefertigt, die sehr dicht und teilweise verdeckt auf das mit Gips überzogene Strohgeflecht aufgenäht werden. Die eindrucksvolle Kopfbedeckung wiegt bis zu zwei Kilo.

# Schwarzwälder Dessert

# Schwarzwälder Dessert
Zutaten für 8 Portionen

**Schokoladensauce**
500 g Sahne, flüssig
80 g Zucker
Mark einer Vanilleschote
1 Prise Salz
1 Prise Zimt
160 g Schokolade 70 %

Die Sahne mit dem Zucker und den Gewürzen aufkochen. Die Vanilleschote der Länge nach aufschneiden, das Mark auskratzen und in die Sahne geben. Die klein gehackte Schokolade nach und nach in die Sahne geben. Immer wieder umrühren, bis eine glatte, homogene Masse entsteht. Die fertige Sauce in Gläser füllen.

**Mascarponecreme**
500 g Mascarpone
50 g Zucker
150 g Vanillesauce
(evtl. Fertigprodukt)
50 g Kirschwasser

Die Zutaten der Reihe nach in eine große Rührschüssel geben und vorsichtig verrühren. Dann die Creme kräftig schlagen, bis sie eine geschmeidige Konsistenz hat.

## Kirschfüllung

350 g Sauerkirschen
50 g Kirschsaft
35 g Puddingpulver (Vanille)
175 g Kirschsaft
90 g Zucker
10 g Zitronensaft
1 Prise Zimt

zusätzlich:
150 g Sauerkirschen
150 g Kirschsaft
50 g Schwarzwälder Kirschwasser

## Außerdem

1 dunkler Biskuit
80 g weiße oder schwarze
Schokoladenspäne

## Aufbau des Desserts

Die abgebundenen Kirschen wie auf Seite 22 beschrieben zubereiten und abkühlen lassen. Die zusätzlichen Kirschen, den Saft und das Kirschwasser vorsichtig unterheben.

Acht Gläser oder Glasschalen mit mindestens 200 ml Fassungsvermögen bereitstellen. Die Schokoladensauce nach der Herstellung sofort in die Gläser füllen. Aus dem Biskuit entsprechend große Stücke ausschneiden und jeweils auf die Schokoladensauce legen. Die Gläser gut kühlen. Wenn die Sauce fest ist, mithilfe eines Spritzbeutels die kalte Kirschfüllung auf den Biskuit dressieren. Ebenso die Mascarponecreme einfüllen und das Dessert nochmals kühlen. Als Dekor eignen sich weiße oder schwarze Schokoladenspäne bzw. eine Kirsche mit Stiel.

1 Die Sahne mit dem Zucker und den Gewürzen aufkochen.

2 Die Vanilleschote der Länge nach aufschneiden, das Mark auskratzen und in die Sahne geben.

3 Die klein gehackte Schokolade nach und nach in die Sahne geben.

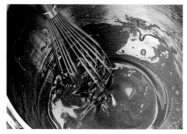

4 Immer wieder umrühren, bis eine glatte, homogene Masse entsteht.

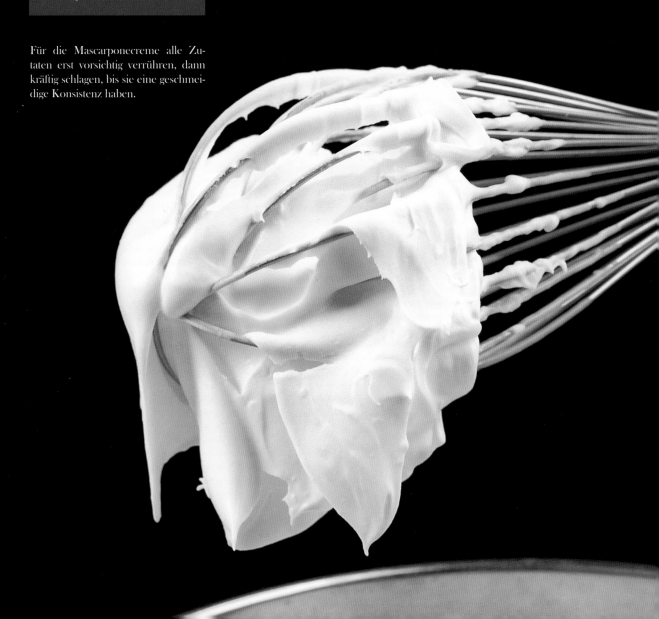

## Mascarponecreme

Für die Mascarponecreme alle Zutaten erst vorsichtig verrühren, dann kräftig schlagen, bis sie eine geschmeidige Konsistenz haben.

Die Holzbildhauerei und Maskenschnitzerei haben im Schwarzwald lange Tradition. Aus Lindenholz kunstvoll gefertigt, verleihen die schaurig-schönen Masken während der alemannischen Fasnacht den Narren das geheimnisvolle „zweite Gesicht".

Im Schwarzwald gibt es unzählige Narrenzünfte. Fast jedes Dorf hat seine eigenen Gestalten und Bräuche. Der Elzacher Schuttig mit seinem Schneckenhut gilt in der Region als eine der ältesten Narrenfiguren. Zwischen „schmotzigen Duntschdig" und Aschermittwoch herrscht lautes und buntes Treiben in den Gassen der Fasnet-Hochburgen.

Kleine Masken von links nach rechts:
Elzacher Schuttig, Rottweiler Gschell, Schweighausener Ankele-Hexe, Elzacher Schuttig

# Black Forest cherry cake - Classical style

**Chocolate sponge cake**
6 eggs
250 g caster sugar
pinch of salt
1/2 tsp of vanilla extract
1 tsp lemon juice
1 tsp lemon zest
170 g flour
25 g cornstarch
40 g cocoa
60 g butter

In a large bowl, combine eggs, sugar and ingredients and beat well. Heat mixture using the double-boiler method and beat constantly until mixture has reached 55° C. Remove from heat and beat using a mixer until cool again.

Heat butter gently. Mix flour, cornstarch and cocoa in a bowl. Carefully dry ingredients into egg mixture. Slowly pour melted butter into mixture and gently fold in.

Put springform cake pan on a baking tray covered with baking paper. Pour sponge mixture into cake pan and bake in pre-heated oven.

Remove cooled sponge cake from pan and leave to cool completely.

Using a long knife cut the sponge cake into three layers.

**Kirschwasser whipped cream**
1200 g cream
15 g (=1 1/2 tbsp) gelatine powder
45 g white sugar
120 g Kirschwasser

Whip cream in portions until soft peaks form and collect in large bowl. Mix gelatine powder, sugar and Kirschwasser in a sauce pan and leave to swell for 10 minutes. Heat slowly and stir until gelatine is completely dissolved. Add a little whipped cream and stir to combine. Carefully fold Kirschwasser-gelatine mix into whipped cream.

**Kirschwasser cherries**
350 g sour cherries
50 ml Kirschwasser

Drip drain the cherries, mix them with the Kirschwasser and let soak for a minimum of 12 hours. Select 7-8 cherries for the decoration.

**Kirschwasser juice**
80 g mix of cherry juice and Kirschwasser

Put Kirschwasser cherries into sieve, squeeze and collect the Kirschwasser juice. Add Kirschwasser or cherry juice at discretion.

**Chocolate chips**
80 - 100 g Dark Chocolate (70 % cocoa)

Using a palette knife, cut thin chocolate shards from the chocolate bar, or grate or shave chocolate.

**To assemble**

Place one of the sponge cake layers into cake ring and soak with Kirschwasser juice using a brush. Spread half of the Kirschwasser whipped cream over sponge and spoon cherries on top, gently pressing them into the cream. Place second cake layer on top, again soak with Kirschwasser juice and spread half of the rest of the Kirschwasser whipped cream over top. Add third cake layer, soak and spread a little cream over top. Refridgerate several hours or over night.

Springform cake pan: ø 24 cm
Cake ring: ø 26 cm
Baking time: 35 - 45 minutes at 190° C

Take cake out of cake ring and mark the desired number of pieces on top. Spoon rest of the cream into pastry bag fitted with star decorator tip and decorate each piece with rosettes. Place half a cherry on each piece. To finish, sprinkle chocolate shards over centre.

# Le Forêt-Noire classique

**Biscuit au cacao**
6 œufs
250 g de sucre
1 pincée de sel
1 pincée de sucre vanillé
5 g de jus de citron
un peu de zeste de citron
170 g de farine
25 g de fécule
40 g de cacao
60 g de beurre

**Chantilly au Kirsch**
1200 g de crème Florette
15 g de gélatine en poudre
45 g de sucre
120 g de Kirsch

**Cerises macérées**
350 g de griottes
50 g de Kirsch

**Sirop au Kirsch**
80 g de mélange jus de cerise et Kirsch

**Copeaux de chocolat**
80 - 100 g de chocolat 70 %

**Assemblage du gâteau**

cercle à gâteau ou moule
à manqué : ø 24 cm
cercle à gâteau : ø 26 cm
temps de cuisson : 35 - 45 Min., 190° C

Battre dans un grand bol les œufs, le sucre et les épices. Faire chauffer le mélange au bain-marie jusqu'à la température de 55° C en touillant sans arrêt, puis le sortir du feu et, à l'aide d'un robot de cuisine ou d'un mixer, le battre jusqu'à ce qu'il soit de nouveau froid. Faire fondre doucement le beurre. Mélanger dans un bol la farine, la fécule et le cacao et incorporer délicatement le tout au mélange œufs-sucre refroidi. Rajouter le beurre petit à petit en fin filet et l'incorporer délicatement. Tapisser le moule de papier à cuisson ou recouvrir la plaque du four de papier à cuisson et poser le cercle à gâteau dessus. Verser la pâte dans le moule et faire cuire dans le four préchauffé. Démouler le biscuit une fois qu'il est refroidi et le laisser refroidir complètement. À l'aide d'un grand couteau diviser le biscuit en 3 génoises d'égale épaisseur.

Battre la crème en Chantilly (il est recommandé de le faire en plusieurs portions) dans un grand saladier. Verser la gélatine en poudre, le sucre et le kirsch dans une casserole et laisser gonfler env. 10 minutes. Faire chauffer doucement en touillant jusqu'à ce que la gélatine soit complètement dissoute. Hors du feu rajouter quelques cuillérées de crème Chantilly et mélanger. Incorporer délicatement ce mélange au reste de la Chantilly.

Bien égoutter les cerises, puis les laisser macérer au moins 12 heures dans le kirsch. Mettre de côté 7 à 8 cerises pour la décoration.

Égoutter les cerises dans une passoire en les écrasant un peu et recueillir le jus. Rajouter à son gré un peu de kirsch ou de jus de cerise.

Avec une longue palette faire de fins copeaux de chocolat. On peut aussi le raboter ou le râper.

Disposer la première génoise au fond du cercle à gâteau et la badigeonner au pinceau d'une partie du jus de cerises au kirsch. Étaler par dessus environ la moitié de la Chantilly au kirsch, répartir les cerises sur toute la surface et les enfoncer un peu dans la crème. Déposer la deuxième génoise par dessus et l'imbiber à son tour. Étaler et lisser la moitié de la Chantilly restante. Déposer par dessus la troisième et dernière génoise et l'imbiber aussi. Badigeonner de Chantilly et mettre au frais, si possible toute une nuit. Couper le nombre de parts désiré et retirer le cercle à gâteau. Avec une douille en forme d'étoile faire des rosettes de Chantilly sur le pourtour et déposer une demi cerise au centre de chaque rosette. Pour finir saupoudrer les copeaux de chocolat au milieu du gâteau.

# Torta della Foresta Nera alle ciliegie

**Pan di Spagna al cioccolato**
6 uova
250 g di zucchero
un pizzico di sale
un pizzico di vanillina
5 g di succo di limone
un po' di buccia di limone
170 g di farina
25 g di fecola
40 g di cacao
60 g di burro

**Crema al kirsch**
1200 g di panna
15 g gelatina in polvere
45 g di zucchero
120 g di kirsch

**Ciliegie sotto spirito**
350 g di visciole
50 g di kirsch

**Bagno di kirsch**
80 g di miscela di kirsch e succo
di visciole

**Riccioli di cioccolato**
80 - 100 g di cioccolato al 70 %

**Costruzione della torta**

Piastra o stampo: ø 24 cm
Anello a cerniera: ø 26 cm
Cottura: 35 - 45 minuti, 190° C

Mescolare le uova allo zucchero in una ciotola grande, aggiungendo sale, vanillina, succo buccia grattugiata di limone. Riscaldare la miscela a bagnomaria, senza smettere di mescolar fino al raggiungimento di 55° C. Togliere poi dal fuoco, sbattere con una frusta elettrica o mano fino a rendere il composto spumoso e lasciar raffreddare. Scaldare il burro finché non sciolga. Mescolare in una ciotola farina, fecola e cacao fino a ottenere un composto omogene e incorporarlo alla miscela a base di uova, ormai fredda, con delicati movimenti dal bass verso l'alto. Versarvi a filo il burro fuso, continuando a mescolare allo stesso modo. Foderar la piastra con carta da forno e posizionare l'anello a cerniera, versare il composto e metterl poi a cuocere nel forno preriscaldato. Terminata la cottura togliere l'anello (o l'eventua stampo), attendere che il pan di Spagna si sia raffreddato completamente e tagliarlo in tr dischi uguali.

Mescolare diverse piccole quantità di panna fino a rendere questa cremosa e metterle i una ciotola grande. Mettere in una pentola la polvere di gelatina, lo zucchero e il kirsch lasciarli amalgamare per circa dieci minuti. Riscaldare leggermente il composto, continuando mescolare finché la gelatina non si sarà completamente sciolta. Aggiungere un po' della pann precedentemente lavorata e mescolare ancora. Incorporare delicatamente il composto al rest della panna, con movimenti dal basso verso l'alto.

Immergere le visciole ben asciutte nel kirsch e lasciarle macerare per almeno dodici or Tenere da Tarte 7-8 ciliegie per la decorazione.

Poi metterle a scolare, premendole delicatamente, conservarne il succo e aggiungere kirsch piacere.

Tagliare o grattugiare il cioccolato in riccioli sottili.

Collocare l'anello a cerniera intorno al primo disco e spennellare su quest'ultimo un p della miscela di kirsch e succo di visciole. Quindi spalmarvi circa metà della crema al kirsc Distribuire le visciole precedentemente sgocciolate sulla crema, inserendole con una legge pressione. Collocare il secondo disco e bagnarlo con la stessa miscela. Versare metà del crema rimasta e spalmarla uniformemente. Collocare anche il terzo disco e bagnarlo al stesso modo. Spalmare un ulteriore leggero strato con la restante crema. Lasciar raffreddare tutto, meglio se per l'intera notte. Tagliare la torta a fette e togliere l'anello. Utilizzare una tas da pasticcere con la punta a stella per aggiungere decorazioni di panna e disporre poi mez ciliegia su ogni fetta. Infine, cospargere di riccioli di cioccolato la parte centrale della torta.

# 伝統的シュヴァルツヴェルダーキルシュトルテ

**ジェノワーズ・オ・ショコラ**
卵　6個
砂糖　250 g
塩　1つまみ
ヴァニラシュガー　1つまみ
レモン汁　5 g
レモンの皮すりおろし　少々
小麦粉　170 g
浮き粉（コーンスターチ等）　25 g
ココアパウダー　40 g
無塩バター　60 g

卵、砂糖、塩、ヴァニラシュガー、レモン汁、レモンのすりおろしを大きめのボールに入れて泡だて器ですり混ぜる。
これを、攪拌しながら湯煎で55℃まで温める。
生地が温まったら、多機能ミキサー、又はハンドミキサーで、今度は冷めるまで更に泡立てる。バターを温めて溶かしておく。
小麦粉、浮き粉、ココアパウダーを、別のボールに混ぜ合わせておく。
合わせた粉を、冷めた生地に切るように混ぜていく。
溶かしバターを細い線状にして注ぎ入れながら、切るように混ぜる。
天板にオーヴンペーパーを敷き、セルクル型を置く。
スポンジ生地を流し込み、予熱したオーブンに入れて焼く。
完全に冷めてからスポンジを型から外す。
もしくは型から外して完全に冷ます。
長めのケーキナイフでスポンジを、3枚の均等な厚さにスライスする。

**キルシュ入り生クリーム**
生クリーム（30 %）　1200 g
粉ゼラチン　15 g
グラニュー糖　45 g
キルシュ　120 g

生クリーム（30 %）を泡立てられる分量ずつクリーム状に泡立て、大きなボールに移していく。
粉ゼラチン、砂糖、キルシュを鍋に入れ、約10分ふやかしておく。
鍋を弱火にかけて混ぜながら、ゼラチンを完全に溶かし、火からおろす。
泡立てた生クリームを少量取って鍋に入れ混ぜる。
鍋のゼラチン液を、残りの生クリームに切るように混ぜ入れる。

**さくらんぼのキルシュ漬**
サワーチェリー　350 g
キルシュ　50 g

サワーチェリーは良く水を切ってからキルシュに入れ、少なくとも12時間漬け込んでおく。
飾付用に7-8個のサクランボを選り抜く

**キルシュジュース**
キルシュと絞り汁のミックス80 g

漬け込んだサワーチェリーをザルにあけ、汁をボールで受けながら絞る。
絞った汁に、好みで少量のキルシュ、もしくはさくらんぼジュースを加える。

**チョコレート・コポー**
チョコレート70%　80-100 g

長めのパレットで、チョコレートから飾り用の細かいクズ（コポー）を削りだす。
もしくは、スライサーか、おろし金でチョコレートを削る。

**ケーキ組み立て**

準備したセルクル型に、最初のスポンジを敷き込み、ハケでキルシュジュースの一部を塗る。約半量のキルシュ入り生クリームをその上に塗り広げる。
汁をよく切ったさくらんぼを、その上に均等に配分し、軽く押さえる。
そこで、二枚目のスライスされたスポンジを載せて、キルシュジュースを塗る。
残りの半量のキルシュ入り生クリームを入れて塗り広げ、滑らかにならす。
3枚目のスポンジを上に載せて、同様にキルシュジュースを塗る。
泡立てた生クリーム（分量外）をいくらか表面に塗って、良く冷やす。
一晩冷やすのがベスト。
ケーキを、切り分けたい数に区切って、セルクル型からはずす。

**焼成用セルクル型24 cm**
ケーキ組み立て用セルクル26 cm
焼成時間、温度　35-45分 190℃

切り分けるケーキ1つ1つに、星口金で菊形を搾り出し、そこに半分に切ったさくらんぼを載せて飾る。
最後に、ケーキの真ん中に、チョコレート・コポーを羽が舞うように飾る。

# 典型黑森林蛋糕

**„Biskuit" 黑森林底盘**
6 鸡蛋
250 克 糖
香草糖
5 克柠檬汁
一点擦的柠檬皮
170 克 面粉
25 克 淀粉
40 克 可可粉
60 克 黄油

**黑森林奶油**
1200 克 奶油
15 克 果胶粉
45 克 糖
120 克 黑森林樱桃白酒

**腌酸樱桃**
350 克 酸樱桃（罐头装即可）
50 克黑森林樱桃白酒

**桃酒汁**
80 克准备好的樱桃汁酒

**巧克力薄片**
80 至100 克 巧克力
（含一百分之70的可）

**圈或者蛋糕铁盒**

蛋糕铁盒：ø 24 厘米
圈：ø 26 厘米
生面的：35至45 分，190度

**材料和调料**
蛋、糖、盐、香草糖、柠檬汁，柠檬皮（1），面粉、淀粉、可可粉（2），甜油、果胶、糖、桃白酒（3），一杯酸樱桃、樱桃汁（4），巧克力（5）

1  "Biskuit"蛋糕底盘的做法：把调料（1）放入一个大碗里搅拌若干分钟。在另外一个锅里放热水，将装有（1）的碗放在锅上面，继拌到（1）成泡沫状后，将其冷却。黄油化成液体备用。把调料（2）混合在一起。匀。然后将调料（2）和融化的油慢慢与（1）混合。把圆形的蛋糕底盘模具放在纸和烤上，已调好的上述原料放在圈里面。将准备好的烤盘放在已预热的烤箱里35至40分。然后可以把烤好的蛋糕底盘从模具中取出后冷却。把蛋糕横切成三个一样厚的层面。

2  黑森林奶油：将甜奶油搅拌好，放在腕里备用。将调料（3）放在锅里，静置10分钟。小火均匀加热若干分钟至果胶完全融化。加上一到二汤勺已搅拌好的奶油混合均匀。然后把果胶樱桃酒料加到剩余的奶油中拌匀。

3  腌酸樱桃：酸樱桃沥干，跟樱桃酒混合在一起，泡12个小时。挑六到八个樱桃装蛋糕用。

4  桃酒汁：腌好的樱桃放在漏勺中挤桃汁直至樱桃汁析出。可以依照个人口味酌量添加樱桃酒或樱桃果汁。

5  巧克力薄片：巧克力（4）成薄片备用。

6  制作蛋：将已切好的第一层蛋糕放在准备好的蛋糕模具里，作为基础底盘。把1/3的樱桃酒汁淋在上面。其继刷1/2的樱桃奶油。然后将樱桃在上面均匀摆放。第二层蛋糕放在上述已做好的底盘上面，根据上述步骤加入樱桃酒汁和奶油。第三也是继重复添加樱桃酒汁和奶油，程中只需在第一层放樱桃。之后将蛋糕放置凉处冷却。甜奶油挤成奶油花装饰（如玫瑰形状）在蛋糕上，并加上樱桃装饰即可。